ABRÉGÉ DE LA VIE

De la Bienheureuse Mère

I.-M. ALACOQUE

RELIGIEUSE DE L'ORDRE DE LA VISITATION
MONASTÈRE DE PARAY-LE-MONIAL DIOCÈSE
D'AUTUN

Née le 22 juillet 1647, morte le 17 octobre 1690
Béatifiée le 18 septembre 1864, par bref de
N. T. S. P. le Pape Pie IX.

---

*ivi des détails de la cérémonie solennelle de
la béatification, qui a eu lieu à
Paray-le-Monial au mois de juin 1865.*

LYON

HEZ L'AUTEUR COURS DE BROSSES N° 2
au premier

ABRÉGÉ DE LA VIE

DE LA BIENHEUREUSE MÈRE

M.-M. ALACOQUE

RELIGIEUSE DE L'ORDRE DE LA VISITATION
AU MONASTÈRE DE PARAY-LE-MONIAL, DIOCÈSE D'AUTUN

Née le 22 juillet 1647, morte le 17 octobre 1690
Béatifiée le 18 septembre 1864, par bref de N. T.
S. P. le Pape Pie IX

AVANT-PROPOS

La dévotion au Sacré-Cœur de Jésus-Christ, si répandue de nos jours dans tout l'Univers, et qui compte partout tant de pieuses confréries, fut établie vers la fin du XVIIe siècle, et se propagea rapidement dès le commencement du XVIIIe. Dieu, dont les voies sont mystérieuses et insondables, a choisi pour instituer ce culte d'amour et de reconnaissance envers ce cœur adorable, une humble religieuse du monastère de la Visitation de Paray-le-Monial, petite ville du Charolais, et du diocèse d'Autun. Il voulut aussi que celle qu'il appelait à cette haute mission, rencontrât pour l'accomplir toutes sortes d'obstacles et de contradictions ; mais, en même temps, il l'anima de son esprit, pour la soutenir dans son entreprise, lui inspirer la persévérance et la constance ; enfin lui faire trouver ses délices dans les peines et les humiliations qu'elle eut à endurer.

Ainsi, à toutes les époques, le Tout-Puissant a fait choix pour être l'instrument de ses desseins secrets, des plus humbles de ses créatures, comme pour prouver aux hommes que leur sagesse et leur pouvoir sont soumis à sa volonté suprême. N'est-ce pas lui qui se servit de la bergère de Nanterre, de cette Geneviève que Paris révère comme sa patronne, pour arrêter le barbare Attila ; qui, quelques siècles plus tard, suscita une autre fille des champs, l'héroïque Jeanne d'Arc, pour repousser l'Anglais victorieux et délivrer la France du joug de l'étranger ? Et sans citer tous les exemples que nous fornirait l'histoire, n'a-t-il pas, au commencement du XIIIe siècle, choisi Julienne, simple religieuse d'un couvent des environs de Liège, pour exciter les populations, les prélats et le vicaire de Jésus-Christ, à faire célébrer dans toute l'église la fête du Très-Saint-Sacrement ? C'est lui encore qui a voulu que le culte rendu au Cœur sacré du divin Sauveur des hommes, prit naissance dans une modeste communauté ; que le monde catholique fût initié à cette dévotion si sainte et si légitime, par une religieuse obscure, méprisée, rebutée par ses compagnes, traitée de folle et de visionnaire, jusqu'à ce que de véritables prodiges fussent venus manifester les desseins de Dieu à son égard, et prouver que l'esprit céleste l'animait réellement.

La vie de la bienheureuse vierge Marguerite-Marie ALACOQUE dont nous allons relater les faits les plus saillants, offre une nouvelle preuve que l'esprit souffle où il veut, *(spiritus flat ubi vult)*. Son admission au nombre des bienheureux que l'Eglise honore, promulguée par N. T. S. P. le pape Pie IX, et le concours immense de population auquel a donné lieu la cérémonie solennelle de sa béatification, prouvent aussi que, conformément à ce qui est écrit dans l'Evangile, ceux qui s'abaissent seront élevés, et que s'accomplissent ces paroles du saint cantique : *Et exaltavit humiles !*

I.

SOMMAIRE. — Premières années de Marguerite Alacoque.
— A l'âge de quatre ans elle fait vœu de chasteté. — Ses
sentiments de piété redoublent après sa première communion. — Mort de son père. — Elle est affligée d'une
cruelle maladie. — Elle obtient sa guérison par la protection de Marie.

Dans la seconde moitié du XVIIe siècle, une religieuse
du monastère de la Visitation, petite ville de la province
appelée alors le comté de Charolais, fut élue d'une manière toute spéciale pour travailler à instituer le culte
de l'adoration du Sacré-Cœur de J.-C. Le divin Sauveur
manifesta lui-même à celle qu'il avait daigné appeler à
remplir cette sainte mission, que sa volonté expresse était
qu'elle y consacrât tous ses efforts et tous ses soins. Vainement, elle s'en défendit, alléguant son indignité. Le
Sauveur la rassura, en lui promettant son assistance, et
en lui garantissant le succès. Ce sont ces efforts persévé-
rants, c'est le modèle de la piété la plus fervente, de l'humilité la plus profonde, de la plus admirable résignation;
c'est le désir, l'amour des souffrances, que nous allons
retracer en écrivant la vie de la mère Marguerite-Marie
ALACOQUE, dont le nom vient d'être inscrit au catalogue
des bienheureux, à la satisfaction des âmes pieuses.

Ce fut dans le village de la Haute-Cour, où Lauthecour,
dépendant de la paroisse de Verosvre, située dans le Charolais et dans le diocèse d'Autun, que reçut le jour Marguerite Alacoque.

Elle appartenait à une famille honorable. Son père,
M. Claude Alacoque, homme pieux et généralement esti-
mé, possédait des biens assez considérables, dont il faisait un noble usage, soit pour sa famille, soit pour se-

courir les indigents. Sa réputation de haute probité lui avait fait confier l'administration de la justice dans plusieurs seigneuries des alentours. De son union avec Philiberte Lamyn, il eut quatre enfants ; trois fils et une fille. Cette dernière, née le 22 juillet 1647, et baptisée le 25, eut pour marraine madame de Feutrières de Corseval, qui lui donna le nom de Marguerite. Plus tard, et à l'époque où elle reçut le sacrement de confirmation, mademoiselle Alacoque ajouta à son prénom de Marguerite celui de Marie, comme pour s'imposer par ce nom un nouvel engagement de se consacrer plus spécialement à la sainte mère de Jésus-Christ.

Elevée par des parents remplis de sentiments chrétiens, la jeune Marguerite, avant même d'avoir atteint l'âge de discernement, et de savoir ce que c'était que le péché, en ressentait une horreur instinctive. La crainte d'offenser Dieu, qu'elle manifesta de bonne heure, permit à ses parents de réprimer en elle ces petites vivacités naturelles aux enfants, en lui faisant entrevoir que ce serait offenser Dieu que de se livrer aux penchants et aux inclinations que l'on reprenait dans sa conduite.

Etant toute petite, la grâce de la vertu de pureté lui avait été communiquée, et n'ayant encore que quatre ans, elle fut portée par une céleste inspiration à consacrer au Seigneur sa chasteté virginale. Portée à l'oraison par un attrait puissant et irrésistible, elle ne cessait de demander à Dieu de lui en enseigner la pratique. Cette faveur lui fut accordée ; le divin maître lui apprit à se prosterner devant Sa Majesté suprême, à lui exposer les désirs de son cœur avec confiance et simplicité ; il l'instruisit à considérer d'une manière toute spéciale les actes de la sainte vie de Jésus-Christ.

Elle n'avait que huit ans lorsqu'elle perdit son père ; cette mort fut d'autant plus funeste pour toute la famille, que madame Alacoque, outre le chagrin et la douleur où elle fut plongée par cette perte, se vit encore accablée l'embarras et de soucis domestiques. Obligée de s'occuper d'une multitude d'affaires, et de s'absenter fréquemment du logis, elle fut forcée de confier sa fille à des soins mercenaires, c'est-à-dire à des servantes grossières, incapables de diriger son éducation. Mais bientôt, les inconvénients de cette situation frappant l'esprit de cette dame, elle voulut y obvier en plaçant la jeune Marguerite dans la maison des dames de Sainte-Claire, à Charolles.

Les religieuse de cette communauté, admirant la piété, l'obéissance exemplaire et la précoce raison de cette enfant, la jugèrent capable de faire la première communion à l'âge de neuf ans. Le pain céleste lui fit goûter d'ineffables délices, et accrut encore dans son cœur la ferveur de l'amour divin.

Jusqu'à l'époque de sa première communion, le caractère de Marguerite, naturellement vif et gai, la portait à rechercher les plaisirs et les distractions habituels de l'enfance. Mais depuis lors, la grâce céleste qui opérait en elle, lui fit trouver de l'amertume dans ces joies et ces divertissements, afin de lui en inspirer le dégoût et de l'en détourner peu à peu.

Vers ce temps, Marguerite fut atteinte d'une sorte de paralysie qui la retint pendant quatre ans sur un lit de douleur. Outre qu'il lui était impossible non-seulement de marcher, mais encore de manger ni dormir, elle arriva à cet état de maigreur tel, que de tous côtés ses os perçaient sa peau. Sa mère la retira du couvent des religieuses de Sainte-Claire, pour la faire soigner chez elle ; mais sa guérison se fit attendre deux ans encore après son retour à la maison paternelle ; et encore, ne l'obtînt-on qu'en vouant la jeune fille à la Sainte-Vierge.

Ce fut à elle-même que le Ciel inspira l'idée de se consacrer à la mère du Sauveur, en lui promettant de devenir un jour une de ses filles, si elle recouvrait la santé, grâce à son secours. Au bout de quelques jours, son rétablissement fut complet ; preuve évidente qu'il

était une faveur du Ciel. Ajoutons qu'à dater de ce mo
ment, elle fut, de la part de Marie, l'objet d'une protec
tion marquée, qui se manifesta par l'abondance de grâce
que Dieu répandit sur cette jeune enfant. Depuis lor
aussi, à ses fréquents exercices d'oraison, Marguerit
joignit le jeûne et les mortifications de toutes espèces. Ce
austérités ne purent demeurer secrètes, malgré le soi
qu'elle apportait à les cacher. Sa mère les désapprouva
et, pour les faire cesser, l'obligea de partager son lit. De
ulcères qui lui survinrent aux jambes la firent cruelle
ment souffrir pendant tout un hiver. Les remèdes furen
impuissants, mais ses prières et celles de sa mère furen
plus efficaces ; les ulcères disparurent complétement ; l
santé de Marguerite se rétablit, et continua d'être bonn
pendant tout le temps que sa mère vécut.

A cette époque, Marguerite sentit se réveiller en ell
quelque attrait pour le monde et les plaisirs. Sans que s
conduite cessât d'être régulière et conforme aux règles d
la bienséance, sa ferveur se ralentit, le goût de la dissi
pation et de la vanité s'était glissé dans son cœur. Ce re
lâchement fut à peine remarqué par sa famille ; mais ell
en ressentit plus tard de vifs remords, et se le reproch
bien souvent.

II

SOMMAIRE. — Privations et mauvais traitements éprouvé
    par Marguerite et sa mère dans leur propre maison. —
    Maladie cruelle de Madame Alacoque. — Marguerite re-
    fuse de se marier et se prononce formellement pour la
    vie claustrale. — Elle refuse d'entrer aux Ursulines de
    Mâcon. — Sa présentation au monastère de la Visitation
    de Paray.

Les embarras multipliés que lui suscitaient, soit l'éducation de ses enfants, soit les occupations que donnent

l'administration et la gérance des biens ruraux, avaient engagé madame Alacoque à prendre chez elle quelques personnes pour l'aider dans les soins domestiques. Malheureusement, ceux qu'elle choisit et auxquels elle se confia, étaient des gens grossiers, de basse condition, qui abusèrent de cette confiance pour s'emparer d'une autorité absolue sur elle et sur sa famille, au point de tenir la mère et les enfants en chartre privée, de leur refuser même le nécessaire, ou de ne le leur donner qu'en grondant et avec mauvaise humeur. La jeune Marguerite était plus particulièrement en butte à leur dureté et à leurs mauvais traitements. Ceux qui s'étaient établis maîtres absolus dans la maison de sa mère, faisaient de sa piété l'objet de leurs continuelles railleries. Ils l'empêchaient de sortir pour aller à l'église ; car ils mettaient sous clé ses vêtements, de sorte que, plus d'une fois, elle fut obligée d'en emprunter. Demandait-elle avec instance, et les larmes aux yeux, la permission d'aller entendre la sainte messe ou assister à la bénédiction du Saint-Sacrement, on la lui refusait, en lui reprochant de prendre ce prétexte pour aller à quelque rendez-vous galant.

Toujours pleine de confiance en Marie, c'est auprès de cette bonne mère qu'elle cherchait des forces et des consolations. Lorsqu'après être restée des jours entiers en prières dans le jardin ou dans un coin du logis, sans prendre aucun aliment, sauf un peu de lait ou quelques fruits que lui donnaient des voisins compatissants, elle était accueillie, à son retour à la maison, par des injures et des reproches sur sa négligence à s'acquitter des travaux domestiques ; puis, ses nuits se passaient comme ses journées à répandre des larmes aux pieds du Dieu crucifié.

Que l'on ne croit pas pourtant que Marguerite fît entendre des plaintes contre les personnes qui la tyrannisaient, ni qu'elle les blâmât dans son cœur. Loin de là, elle les regardait, dit-elle, comme des instruments dont la justice de Dieu se servait pour la punir des ses péchés. Mais ce qui lui causait le plus de peine, c'était surtout la dureté avec laquelle une mère qu'elle chérissait tendrement était traitée par ceux-là même qui lui devaient respect et soumission. Ses chagrins et ses inquiétudes s'augmentèrent pendant les fréquentes maladies de sa mère, et, notamment, lorsqu'un érésipèle, dont elle fut attaquée au visage, lui fit enfler la tête prodigieusement et faute des secours nécessaires, mit les jours de la pauvre femme en danger. Sa fille la soignait assidûment; mais elle ne pouvait rien obtenir de ce qui aurait pu servir au soulagement de la malade, dont les gens de la maison ne prenaient aucun souci. Les prières ferventes de Marguerite obtinrent de Dieu une guérison presque miraculeuse, et que l'on jugeait impossible. Le jour de la Circoncision, à son retour de la messe où elle avait prié le divin Sauveur et la Sainte-Vierge, elle vit que l'abcès qui s'était formé à la joue avait crevé, et ouvert une large plaie. Dépouvue de tout ce qu'il lui aurait fallu avoir pour faire un pansement, et ne pouvant que couper les chairs mortifiées, elle suppléa à son inexpérience par la prière; Dieu l'exauça, en quelques jours la plaie fut entièrement guérie.

Mademoiselle Alacoque ayant atteint l'âge de dix-huit ans, tous ses parents, et surtout sa mère, la sollicitèrent de se marier. Quoiqu'elle ne fût pas riche, de nombreux partis se présentèrent, parce que son bon naturel, sa piété, son affection pour sa mère et son aptitude dans tout ce qui concernait l'économie domestique, garantissaient que l'homme qui l'épouserait, serait assuré d'être heureux. Ce qui faisait surtout désirer son mariage par sa mère, c'était que celle-ci, languissante et accablée de souffrances physiques et morales, se proposait de se retirer chez sa fille, lorsque cette dernière serait établie, et de se délivrer de tout embarras, en abandonnant ses biens à ses autres enfants. Aussi suppliait-elle sans cesse Marguerite, qui seule lui prodiguait des soins, de ne pas l'abandonner à son triste sort.

Ainsi, d'une part, les instances d'une mère chérie, d'autre part les suggestions du malin esprit, qui la tourmentant par la permission de Dieu, lui persuadait qu'elle ne possédait pas le degré de perfection nécessaire à la vie religieuse ; tout semblait se réunir pour la détourner de cette vocation que le ciel lui avait inspirée dès ses premières années, et la faire douter de la validité du vœu de chasteté qu'elle avait prononcé étant enfant. Cependant l'amour divin luttait encore dans son cœur contre les tentations qui l'assiégeaient. Elle ne détestait plus, comme autrefois, les réunions et les distractions mondaines. A la vérité, si elle prit plus de soin de sa parure, la modestie et la simplicité ne cessèrent jamais de présider à son ajustement.

Bien souvent aussi, elle quitta les compagnies et les divertissements pour se retirer à l'écart, se jeter la face contre terre, verser des larmes de repentir, et demander pardon à Dieu de l'avoir offensé. A ses prières et à ses pleurs, elle ajoutait de cruelles mortifications ; de sorte que ses jours s'écoulaient dans les luttes, le trouble et les remords ; ses nuits, dans des austérités sans mesure et sans discrétion.

Marguerite n'avait agréé aucun de ceux qui prétendaient à sa main, bien que plusieurs d'entr'eux fussent des partis avantageux sous tous les rapports ; ce qui semblait annoncer qu'elle était toujours portée vers la vie claustrale. Toutefois ses combats et ses irrésolutions continuaient ; elle maigrissait à vue d'œil, sans que sa famille pût comprendre la cause de cet état de souffrance, et elle-même se serait bien gardée de la faire connaître.

N'ayant pas la facilité de se présenter souvent au tribunal de la pénitence, elle gémissait en secret, demandant à Dieu qu'il mit fin à ses peines, lisant assidûment la vie des saints, mais ne sentant pas la force et le courage de les imiter.

Enfin, le Tout-Puissant exauça les prières qu'elle ne

cessait de lui adresser ; d'abord, il lui inspira une tendre compassion pour les pauvres, un désir ardent de soulager la misère, soit par les dons de l'aumône, soit par les bienfaits spirituels ; c'est-à-dire, en instruisant les enfants, en visitant les malades et en pansant les blessés ; ensuite, il lui donna un esprit de soumission en vers tout le monde, même envers ceux à qui elle ne devait aucune obéissance puisque c'étaient des domestiques dont l'autorité sur elle ne résultait que d'une étrange usurpation. Il la prépara ainsi à cette obéissance parfaite qui est une des conditions rigoureuses de l'état de religieuse.

Ce fut un jour après avoir reçu la sainte Euchraistie, qu'elle prit la résolution de se consacrer à ce divin époux et de suivre les voies du Seigneur, sans que rien pût l'en détourner. Dès lors, elle sentit le calme renaître dans son cœur ; sa défiance d'elle-même s'évanouit pour faire place à une ferme confiance dans la bonté de Dieu. Ce fut, dit-elle, à la protection de la Sainte-Vierge qu'elle dut ce changement avantageux qui s'opéra dans son intérieur.

A partir de ce moment, elle voulut que l'on éloignât tous ceux qui venaient à la maison, en qualité d'aspirants à sa main. Vainement, l'un de ses frères essaya de combattre sa répugnance pour le mariage, en offrant de lui céder une partie de son bien, pour faciliter son union avec un homme riche et de bonne famille. Toutes les tentatives vinrent échouer contre son énergique résistance.

L'intention de Marguerite d'entrer en religion ayant été déclarée par elle d'une manière formelle et positive, il ne restait plus qu'à choisir le couvent qui deviendrait sa retraite. Un de ses oncles qui était aussi son tuteur, et habitait Mâcon, avait une fille religieuse aux dames Ursulines de cette ville ; il la sollicita d'entrer dans cette même communauté. Sa cousine joignait ses instances à celles de son père ; mais une voix secrète disait à Marguerite que ce n'était point là, mais bien à la Visitation de Sainte-Marie qu'il fallait aller. D'ailleurs, elle voulait entrer dans une maison où ne l'attirerait aucune considération humaine, c'est-à-dire où elle n'aurait ni parents, ni connaissances ; l'amour de Dieu étant le seul mobile qui devait influer sur sa vocation et sur le choix d'un couvent.

Cependant, d'une part, la crainte de manquer de déférence envers son tuteur ; d'autre part, les témoignages de bienveillance et d'amitié qu'elle recevait chez les dames Ursulines, auraient peut-être déterminé Marguerite à entrer dans leur maison, sans un événement qui vint tout changer. Sa mère et son frère étant tombés malades dans le même temps, elle partit en toute hâte pour se rendre auprès d'eux. Ses soins et surtout sa présence contribuèrent puissamment à rendre la santé à sa mère, auprès de laquelle elle prolongea quelque temps son séjour.

Mgr de Meaupou, évêque de Chalon-sur-Saône, faisant une tournée diocésaine en 1669, passa par Verosvres ; Marguerite Alacoque, qui reçut des mains de ce prélat le sacrement de confirmation, demanda et obtint d'ajouter à son prénom de Marguerite celui de la reine des Anges, sa mère céleste et sa consolatrice dans ses afflictions. Depuis lors, elle porta le nom de Marguerite-Marie, sous lequel elle entra en religion. En 1670, un jubilé accordé par le pape Clément X, ayant amené à Verosvres un religieux franciscain qui y séjourna quelque temps, elle lui fit sa confession générale. Ce saint homme, bien convaincu que la voix qui appelait la jeune demoiselle à la vie monastique, venait d'en haut, décida sa famille à ne plus contrarier sa vocation. Comme elle persistait dans son refus d'entrer aux Ursulines, on lui parla de plusieurs autres couvents. Elle n'avait jamais ouï parler de la Visitation de Paray-le-Monial ; mais dès qu'on la lui eût nommée, elle forma la résolution d'y fixer sa retraite.

Un de ses frères la conduisit à Paray pour la présenter aux religieuses de cette communauté. A peine fut-elle entrée au parloir, qu'il lui sembla entendre une voix qui lui disait : « *C'est là que je te veux.* » Dès que, cédant à ses instances, son frère eût tout 'arrêté pour son admission, elle fit éclater une si vive joie que les religieuses crurent d'abord que cette gaieté extraordinaire indiquait de la légèreté de caractère. Mais la supérieure ne s'y trompa point, et manifesta autant de désir de soumettre la postulante aux épreuves préliminaires que celle-ci témoignait d'impatience de les subir.

III

SOMMAIRE. — Admission de Marguerite-Marie à la Visitation de Paray. — Epreuves auxquelles on la soumet pendant son noviciat. — Elle fait profession. — Ses pratiques de dévotion lui attirent des reproches parce qu'on les regardait comme allant au-delà de la règle. — Elle refuse une pension que sa famille voulait lui assurer. — Son détachement entier du monde. — Sa résignation dans les tribulations et les humiliations dont on l'abreuva dans ses divers emplois.

———

Mademoiselle Alacoque retourna quelques jours dans sa famille, afin de terminer certaines affaires concernant ses intérêts temporels, recevoir la bénédiction de sa mère et leur faire ses adieux. Puis elle revint au monastère de la Visitation de Paray, où elle fut définitivement admise comme postulante, au mois de mai 1671 ; elle avait alors 24 ans. Dès le commencement de sa carrière religieuse, elle donna, par ses progrès dans la pratique de toutes les vertus qu'exigeait son nouvel état, une preuve de sa sainteté. Il ne fallait rien moins que l'esprit d'obéissance et de soumission dont elle était animée, pour combattre ce désir ardent de pénitence et de mortification, qu'elle aurait voulu satisfaire par des austérités qni outre-passaient la règle de la maison. Après trois mois pendant lesquels elle subit les épreuves préliminaires, en se mon-trant pleine de docilité et de confiance envers la maî-tresse des novices, sa supérieure immédiate, elle fut ad-mise à commencer son noviciat. Mais comme elle don-nait à l'oraison un temps beaucoup plus long que celui fixé par la règle, ou plutôt qu'elle y consacrait tous les moments que lui laissaient les autres exercices ; et que d'autre part, elle s'écartait des méthodes d'oraison usitées et prescrites par l'esprit de l'institut de la Visitation, la supérieure lui adressa des réprimandes à ce sujet, et lui déclara même que, si elle ne changeait pas de manière d'agir, on ne l'admettrait pas à la profession. Attristée de ces reproches et de cette menace, elle ne négligea aucun effort pour se conformer à l'obéissance. Pour la distraire de ces extases ou la plongeait l'oraison, il fut décidé qu'elle serait occupée à des travaux continuels, sous la surveillance d'une des religieuses ; en conséquence, on lui faisait balayer telle ou telle partie du couvent, jus-qu'à l'office des primes ; elle devait ensuite rendre compte chaque jour de l'oraison qu'elle avait dù faire en se li-vrant à ses occupations.

On l'éprouva par toutes sortes de moyens, afin de s'assurer si son obéissance était absolue, sans réserve ; si elle était remplie de cette humilité parfaite, qui fait reconnaître l'esprit de Dieu. Elle sortit victorieuse de toutes ces épreuves ; et sa vertu sublime, jointe à ses mortifications constantes, à sa soumission sans bornes, à sa fidélité dans l'observation de ses devoirs, lui obtinrent d'être reçue à la profession. Elle la fît le 6 novembre 1672, entre les mains de la mère Marie-Françoise de Saumaise, élue depuis peu supérieure de la Visitation à Paray-le-Monial. A dater de ce moment, elle s'efforça de rompre entièrement avec le monde, et de n'y conserver aucune relation soit par entretiens, soit par correspondances, à tel point qu'il fallait un ordre formel de la supérieure, pour la contraindre à écrire une lettre ou à aller au parloir.

Si elle éprouvait une joie infinie des grâces singulières qui lui venaient de Dieu, dans les communications merveilleuses qu'elle en recevait fréquemment, Marguerite, obligée d'en rendre compte soit à ses supérieures pour se conformer à la règle, soit à ses directeurs spirituels pour les consulter ne le faisait qu'avec l'appréhension de s'attirer par là quelque estime. Son désir ardent de souffrances la portait à rechercher les humiliations. Elle aurait voulu, ne pouvant être effacée du souvenir de toutes les créatures, n'être regardée qu'avec horreur et mépris à cause de ses défauts, de ses péchés et de son ingratitude envers Dieu.

Les limites que nous trace le cadre restreint de cet opuscule, ne nous permettent pas de suivre Marguerite-Marie dans tous les actes de sa sainte vie; nous devons nous borner à en signaler les principaux. Disons toutefois qu'elle avait demandé au Seigneur que les faveurs éclatantes qu'il lui prodiguait, devinssent pour elle une cause de peines et de tribulations de la part du monde et même de la part de ses compagnes; ce vœu fut complétement exaucé, ainsi que nous le verrons bientôt.

L'observation du silence et du vœu de pauvreté entraient dans la règle du monastère. Si elle se trouvait obligée de converser, elle ne s'entretenait jamais que de Dieu. Quant à l'esprit de pauvreté, elle le portait à un degré qui surpasse tout ce qu'il est possible d'exprimer.

Lorsqu'elle embrassa la vie religieuse, ses parents voulaient lui constituer une pension viagère; elle la refusa, regardant cette mesure de prévoyance comme un manque de confiance en Dieu. C'était pour elle une indicible satisfaction de manquer des choses les plus nécessaires, et de choisir pour tout ce qui devait servir à son usage, tout ce qu'il y avait de plus mauvais. On s'étonnait de voir qu'avec une faible santé, car elle fut toujours valétudinaire, et un aussi grand amour de l'oraison, elle trouvât encore le temps de vaquer à toutes les occupations que lui donnaient les divers emplois qu'elle eut à remplir tour-à-tour, et parfois cumulativement. Souvent même, lorsqu'elle était obligée de paraître au parloir, elle y portait son ouvrage, se croyant obligée, en qualité de pauvre, de gagner sa vie par son travail.

Si l'un des caractères distinctifs de la fausse vertu est de se complaire en elle-même et de rechercher les éloges, la véritable vertu, qui a pour base l'humilité, se reconnaît à sa perpétuelle défiance d'elle-même. Aussi, lorsque souvent on alla jusqu'à qualifier d'hypocrisie, à traiter d'illusions ce qu'il y avait d'extraordinaire dans la conduite et dans la dévotion de sœur Marguerite, et même jusqu'à lui adresser des réprimandes publiques à ce sujet, loin de se choquer de ces reproches et de ces contradictions, elle les regardait comme justes, et inclinait à penser qu'il y avait chez elle erreur, illusion et même hypocrisie; il en résultait pour elle de nouveaux sujets de peine, de trouble intérieur et d'afflictions.

Selon la règle établie dans la communauté, on la fit passer successivement par divers emplois plus ou moins pénibles ou désagréables; et dans tous s'offrirent une foule des occasions de satisfaire son ardeur passionnée pour les humiliations et les souffrances. Quelques-unes des sœurs officières sous la direction et les ordres desquelles elle se trouva placée successivement, abusèrent plus d'une fois de son humilité pour la tracasser sans cesse. Mais toutes les duretés dont on l'accablait, tous les déboires qu'on lui suscitait, ne parvinrent jamais à lasser sa patience et sa résignation. Loin d'en murmurer, elle se plaignait au contraire qu'on ne la maltraitât pas selon son indignité et qu'on n'humiliât pas encore davantage une aussi grande pécheresse.

IV

SOMMAIRE. — N. S. Jésus-Chrst révèle à Margneritte-Marie qu'il l'a choisie pour faire établir la devotion a son Cœur-Saeré. — Elle est atteinte d'une maladie qui la réduit à l'extrémité; ses prières obtiennent de Dieu sa guérison immédiate. — Elle est qualifiée de visionnaire par plusieurs ecclésiastiques. — Le R. P. de la Colombière adopte la dévotion au Sacré-Cœur et s'y consacre spécialement. — La mère Greffier, qui remplace la mère de Saumaise comme supérieure, se montre plus sévère encore envers Margueritte que ses devancières. Guérison miraenleuse d'une des religieuses, due aux prières de Marguerite.

Depuis deux ans, Marguerite-Marie avait fait profession. lorsque le divin maître qu'elle aimait d'un amour exclusif, lui accorda de nouvelles faveurs plus grandes que toutes celles dont il l'avait comblées jusqu'alors. Un jour tandis qu'elle était prosternée au pied du Saint-Sacrement, notre Seigneur Jésus-Christ lui découvrit les inexplicables secrets de son cœur et les trésors d'amour dont il est rempli. Il lui prescrivit en même temps d'appliquer tous ses efforts à faire rendre à ce cœur sacré un culte public d'adoration en témoignage de reconnaissance; il lui annonça aussi que les grâces les plus abondantes deviendraient la récompense de ceux qui se conformeraient à son désir, en se vouant à cette dévotion.

A la suite de cette communication surnaturelle et de l'extase qui en fut le résultat pour Marguerite, il lui survint une douleur au côté; douleur qui s'accrut sensiblement par le défaut de soins. Son état d'affaiblissement devint bientôt tel, que l'on craignit pour ses jours. Elle avait demandé qu'on la saignât; le médecin s'y refusait,

alléguant que ce remède était putlôt nuisible que salutaire.

Il se décida pourtant à y recourir, dans la pensée que
l'on pouvait tout risquer, vu l'état désespéré où paraissait être la malade. A peine la saignée eut-elle été faite,
bien qu'on n'eut tiré qu'une très-petite quantité de sang,
que sœur Marguerite put sortir de l'infirmerie, et repren-
dre les exercices habituels de la communauté.

Mais bientôt cette ardeur d'amour divin qui la con-
sumait, jointe à la peine qu'elle ressentait de voir que
l'on mettait obstacle à son désir d'honorer d'une manière
particulière le Sacré-Cœur de Jésus-Christ, lui occasion-
na une fièvre violente et continue, qu'elle endura sans
se plaindre, jusqu'au moment où la force venant à lui
manquer complétement, elle fut forcée d'avouer qu'elle
était malade.

Les moyens que la science humaine mit en œuvre pour
lui procurer du soulagement, ne produisant aucun effet,
on l'exhorta à demander à Dieu sa guérison; on lui en
donna même l'ordre; alors, elle le fit par obéissance, et
avec la crainte que sa prière fut exaucée. Ce qui la décida surtout, c'est que la supérieure lui avait déclaré que
sa guérison, si elle l'obtenait, serait un indice certain que
ce qui se passait en elle, provenait réellement de l'esprit
divin, et que, dans ce cas, on lui permettrait d'accomplir ce qu'elle avait demandé vainement jusque-là, c'est-
à-dire ce que notre Seigneur lui avait prescrit pour honorer son divin cœur; notamment, l'oraison de la nuit et
la communion des premiers vendredis de chaque mois.

Elle exposa donc au Seigneur le désir témoigné par la
supérieure au nom de la communauté, et Dieu, voulant
prouver d'une manière éclatante la sainteté de celle qu'il
avait destinée à une haute mission, écouta sa prière favo-
rablement.

Ce fut la Sainte Mère de Jésus-Christ qui annonça
elle-même à Marguerite-Marie sa guérison et l'assura en

même temps de sa protection et de son secours dans toutes les tribulations qu'elle aurait encore à supporter.

Dès le même jour, elle se leva et put marcher seule, elle qui, peu d'heures auparavant semblait prête à exhaler le dernier soupir.

Vers ce temps, et tandis que les ecclésiastiques les plus renommés par leur savoir, soit de Paray, soit des environs, qui, d'après l'ordre exprès donné à sœur Marguerite par la supérieure, avaient eu avec l'humble servante de Dieu des conférences au sujet des faveurs exceptionnelles qu'elle recevait de Jésus-Christ, s'accordaient unanimement à la regarder comme une visionnaire, son divin maitre daigna lui envoyer un coopérateur, pour travailler avec elle à instituer la dévotion à son cœur sacré. Ce fut le R. P. de la Colombière, de la Compagnie de Jésus, prédicateur célèbre, et missionnaire apostolique.

Ce père étant venu à Paray-le-Monial, en 1675, pour y remplir les fonctions de supérieur dans la maison que son ordre avait dans cette ville, entendit Marguerite au tribunal de la pénitence.

Etonné des révélations qu'elle lui fit au sujet de son état et des inquiétudes qu'elle éprouvait, il voulut, avant de se prononcer, étudier soigueusement les opérations de la grâce dans l'âme de sa pénitente ; en conséquence, il la soumit à toutes les épreuves qui lui parurent propres à s'éclairer et à s'assurer de son obéissance ; plusieurs fois même, il la traita assez durement.

Puis, lorsqu'il eut acquis la conviction de la sainteté de Marguerite-Marie, il la rassura sur ses terreurs, la consola, tout en l'avertissant de persévérer dans les sentiments d'humilité et de soumission. Enfin, étant suffisamment édifié, il voulut se conformer lui-même à ce que Jésus-Christ avait prescrit à sa servante, et être le premier adorateur du Sacré-Cœur du Sauveur divin, en se consacrant à cette dévotion. Il fit donc cette consécration à Notre-Seigneur, le premier vendredi après l'octave du

Saint-Sacrement ; ce fut le 21 juin 1675 que se réalisa la première conquête faite par ce culte qui allait [bientôt se propager dans tout le monde chrétien.

En 1678, la mère Greffier, professe du monastère d'Annecy remplaça comme supérieure de la Visitation de Paray, la mère de Saumaise qui avait été élue à Moulins. En arrivant dans la communauté qu'elle allait diriger, la nouvelle supérieure y trouva les esprits partagés à l'égard de sœur Marguerite.

Car si quelques-unes des religieuses avaient cessé d'être prévenues contre cette dernière, le plus grand nombre conservait ces préventions ; les unes la regardaient comme une hypocrite, d'autres blâmaient une conduite qu'elles taxaient de bizarre et d'irrégulière. La mère Greffier fit subir à sœur Marguerite plus de mortifications que ne l'avaient fait ses devancières, et chercha à éprouver sa parfaite obéissance par tous les moyens qui lui parurent les plus concluants pour s'en assurer. Elle lui interdit même les dévotions et la communion du premier vendredi du mois. Mais plus elle contrariait l'humble fille dans les pratiques pieuses, qui lui étaient si chères, plus celle-ci redoublait de docilité.

Sa confiance en sa supérieure et sa vénération pour elle semblaient croître à mesure que cette dernière usait à son égard de plus de sévérité. Il ne fallut rien moins pour dissiper les doutes que la mère Greffier paraissait avoir au sujet des desseins de Dieu sur sœur Marguerite que les prières de celle-ci obtinrent la guérison surprenante d'une religieuse de la communauté, dangereusement malade, et que tous les médecins désespéraient de sauver. Cette cure vraiment miraculeuse fut une preuve nouvelle que l'illusion n'avait aucune part à ces merveilles de grâce que le Sauveur opérait dans son humble servante.

V

SOMMAIRE. — Une nouvelle supérieure donne à sœur Marguerite l'emploi de maîtresse des novices. — Persécutions que lui occasionnent ces fonctions, à cause de sa fermeté. — Elle les supporte avec résignation, et s'en réjouit en son cœur. — Sœur Marguerite établit parmi ses novices la dévotion au Sacré-Cœur de Jésus. — Mort du P de la Colombière. — Ecrit trouvé dans ses papiers concernant la dévotion au Sacré-Cœur. — Heureuse nouvelle que reçoit Marguerite de la mère Greffier.

En 1684, un nouveau changement de supérieure eut lieu dans la communauté de Paray. La mère Greffier fut remplacée par la mère Marie-Christine *Melin*, professe dans la maison. Celle-ci, dès son entrée en fonctions, loin d'agir à l'égard de sœur Marguerite comme les précédentes supérieures, régla sa conduite envers l'humble religieuse d'après l'estime et le respect que depuis long-temps lui avaient inspiré ses vertus. Mais ce fut pour sœur Marguerite un sujet d'affliction que de voir cesser les épreuves et les contradictions, qui satisfaisaient son ardeur passionnée pour les humiliations et les souffrances.

Elle se vit tout-à-coup appelée aux principaux emplois de la maison, elle qui jusque-là avait été reléguée dans les fonctions subalternes, où elle était toujours subordonnée à d'autres sœurs. Bientôt, la maîtresse des novices étant tombée malade, ce fut Marguerite que la supérieure désigna pour la remplacer. Mais il ne fallut bien moins que sa fidélité au vœu d'obéissance, pour vaincre la répugnance qu'elle éprouvait pour les postes distingués. Cependant, elle apporta tous ses soins à remplir dignement celui dont on l'avait investie à sa grande confusion. Elle sut gagner l'amitié et la confiance de ses novices, en les encourageant à lui exposer leurs peines, et en les écoutant toujours avec la plus grande bienveillance et la plus tendre charité; sans tolérer néanmoins aucune infraction à la règle, aucune négligence dans l'accomplissement des devoirs.

Elle s'appliqua surtout à les pénétrer de cet esprit d'obéissance et de profonde humilité, qui nous rend conformes à Jésus-Christ; c'est-à-dire, *doux et humbles de cœur*.

Une des plus violentes persécutions que sœur Marguerite-Marie ait éprouvées, eut pour cause la fermeté qu'elle déploya dans la circonstance que voici :

Une demoiselle, appartenant à une famille riche et puissante, élevée au couvent de la Visisation de Paray, était destinée par sa famille à l'état religieux, en vue de procurer des établissements plus avantageux à ses frères et sœurs. Retenue par la crainte que lui inspirait son père, elle n'osait avouer sa répugnance pour le cloître, et commença son noviciat. Sœur Marguerite, alors maîtresse des novices, ayant acquis par ses lumières et son expérience, la certitude que cette jeune personne n'était pas animée d'une vocation véritable et sincère, en avertit la supérieure, qui, à son tour, en informa les parents. Apprenant que l'on se disposait à renvoyer sa fille, le père entra en fureur; il proféra contre la communauté des imprécations et des menaces, qui effrayèrent la plupart des religieuses, parce qu'elles redoutaient le crédit dont jouissait ce personnage haut placé. En effet, lorsque la jeune demoiselle eût demandé elle-même et obtenu sa sortie du couvent, le ressentiment de son père éclata contre la maison, mais surtout contre la maîtresse des novices, qui avait eu le courage de ne céder ni aux menaces, ni aux sollicitations.

Il alla dire partout, que la communauté avait le.plus grand tort de se laisser guider par une visionnaire, une extravagante; et l'influence qu'il exerçait dans la contrée entraîna quantité de personnes à prendre parti pour lui et à trouver qu'il avait grandement raison.

Ce fut alors un *tolle* général contre sœur Marguerite; elle fut décriée, injuriée même, tant par les mondains que par les dévots. La communauté elle-même se prononça presque toute entière contre une conduite qui, disait-on, devait être pour la maison une cause de décadence, et peut-être de ruine. Ces reproches et ces blâmes devinrent un sujet de joie pour la maîtresse des novices, car ils réalisaient ce que le divin maître lui avait prédit. Aussi, loin de refuser, comme par le passé, de se rendre au parloir, elle y alla fréquemment, dans l'espérance d'y être outragée et humiliée, ce qui arriva souvent, sans que jamais elle essayât de se justifier. Bien plus, elle poussa l'humilité jusqu'à faire devant la communàuté réunie, et devant la jeune personne qui allait sortir de la maison, une sorte d'amende honorable ; donnant ainsi un admirable exemple de la manière dont les âmes vraiment pieuses se vengent des offenses et des injures qu'elles reçoivent.

Sœur Marguerite avait introduit parmi les novices placées sous sa direction, la dévotion au Sacré-Cœur de Jésus-Christ. Il entrait sans doute dans les secrets desseins de Dieu que ce culte saint, si répandu de nos jours, n'eut pour sectateurs dans le principe qu'une humble religieuse et quelques jeunes novices ; qu'il rencontrât pour s'établir et se propager des obstacles sans nombre.

Au sein même de la communauté dont elle faisait partie, la zèlée servante de Jésus-Christ rencontra une opposition persistante ; et pourtant, l'espérance de réussir dans la mission qu'elle avait reçue de son divin maître, ne l'abandonna jamais. Elle avait écrit au R. P. de la Colombière, que lors même que tout le monde serait conjuré contre la dévotion au Sacré-Cœur, elle ne désespérerait pas de la voir s'établir un jour, puisqu'elle en avait reçu l'assurance du Sauveur lui-même.

Remarquons ici, à ce propos, que selon ce qu'avait an-

noncé Marguerite-Marie, le culte du Sacré-Cœur était déjà
en honneur dans tous les monastères de l'ordre de la Visitation existant en France, et cela en vertu de l'autorisation
des évêques, qui dans le diocèse d'Autun et spécialement
dans le couvent de Paray, l'autorisation de le pratiquer
publiquement n'avait point encore été accordée. Ainsi le
diocèse et la maison où des prodiges avaient éclaté en
faveur de l'institution de l'hommage à rendre au Cœur de
Jésus-Christ, furent des derniers où ce pieux tribut fut
publiquement payé.

Le R. P. de la Colombière qui, adoptant comme nous
l'avons dit la dévotion au Sacré-Cœur, s'y était consacré
d'une manière spéciale, était allé remplir en Angleterre
une mission apostolique. Le délabrement de sa santé décida ses supérieurs à le rappeler de ce pays, après un
séjour de quelques années. De retour en France, il passa
six mois à Paray-le-Monial, et y mourut.

Sœur Marguerite perdait en ce saint homme un protec-
teur et un ardent coopérateur à l'œuvre sainte qu'elle
avait entreprise et qu'elle poursuivait sans relâche. Mais
avant de mourir, le P. de la Colombière avait consigné
dans un écrit qui fut trouvé parmi ses papiers, ses pensées et ses sentiments à l'égard de la dévotion au Sacré-
Cœur, qu'il considérait comme juste, utile, et appelé à
un entier succès.

En même temps il rendait hommage à l'éminente vertu
de celle qui lui avait inspiré cette dévotion. L'autorité
d'un homme aussi recommandable, dont la réputation de
savoir et de piété était universelle, eut une influence
marquée pour l'établissement du culte qu'il approuvait
et contribua beaucoup à sa propagation.

Nous ne pouvons passer sous silence un fait qui procura à
sœur Marguerite un vif sujet de satisfaction. Tandis que,
dans le monastère de Paray, les novices seules prati-
quaient la dévotion au Sacré-Cœur, que désapprouvait le
reste de la communauté, la mère Greffier qui, au temps

où elle était supérieure de la Visitation de Paray avait critiqué et combattu, comme nous l'avons vu, les pratiques de dévotion de Marguerite-Marie, et s'était montrée envers celle-ci d'une sévérité qui allait jusqu'à la rigueur, avait cependant la plus haute estime pour sa disciple ; et lorsqu'elle eût été appelée à remplir les fonctions de supérieure à la Visitation de Semur, elle entretint avec sœur Marguerite une correspondance assez suivie.

Dans une lettre écrite à cette dernière, la mère Greffier lui annonça qu'elle avait introduit dans le monastère dont elle était actuellement la directrice, la dévotion au Sacré-Cœur de Jésus.

En même temps, elle lui envoya une miniature très-artistement peinte, sur laquelle était représenté le divin Cœur, entouré de flammes, figurant la charité dont il est embrasé pour les hommes. Nous renonçons à exprimer la joie inéffable qu'éprouva cette fervente adoratrice de Jésus-Christ, en recevant cette miniature, qu'elle conserva comme le plus précieux des trésors : nous n'essaierons pas non plus de retracer le contentement que lui fit éprouver la nouvelle de l'établissement de la dévotion au Sacré-Cœur dans la communauté de Semur.

VI

SOMMAIRE. — La communauté de Paray adopte la dévotion au Sacré-Cœur. — Propagation rapide de cette dévotion, favorisée par des indulgences et par les autorisations des Evêques. — Culte public et solennel du Sacré-Cœur dans tous les pays catholiques. — Marguerite-Marie est appelée aux fonctions d'assistante. — Ses infirmités et souffrances physiques pendant les dernières années de sa vie. — Ses derniers moments. — Douleur causée par sa mort. — Empressemeuts à ses funérailles. — Béatification par le S. P. IX.

______

Au nombre de celles des compagnes de sœur Marguerite qui s'étaient prononcées le plus ouvertement contre des pratiques qu'elles qualifiaient de contraires à la règle, il en était une surtout, nommée sœur Marie des Ecures, à qui son mérite et sa piété avaient acquis un grand crédit dans la maison. Ce fut elle qui fit à la dévotion au Sacré-Cœur de Jésus, une opposition d'autant plus vive qu'elle la croyait plus juste et plus conforme à un véritable esprit de piété; ce fut elle aussi qui, par le changement extraordinaire manifesté subitement en elle, par la ferveur dont on la vit remplie pour ce culte qu'elle avait désapprouvé jusque-là, prouva que la grâce a des voies mystérieuses, qu'elle est toute puissante, et que rien ne peut lui résister. L'exemple de la sœur Marie des Ecures entraîna tout le reste de la communauté sans excepter celles des religieuses qui avaient le plus critiqué Marguerite.

On décida que l'on érigerait dans le jardin du monastère une chapelle qui serait spécialement consacrée à honorer Jésus-Christ dans son divin Cœur.

Ce projet fut bientôt mis à exécution et, avant de mourir, sœur Marguerite eut la satisfaction de voir la chapelle terminée, dédiée et bénie.

Nous pourrions relater bon nombre de faits et circonstances qui attestent que la servante de Dieu a plusieurs fois prédit l'avenir et lu dans la pensée intime; témoignage évident des révélations qui lui étaient faites par l'esprit divin dont elle était animée; ces faits, ces circonstances ont été constatés soit par les déclarations de ses supérieures et de plusieurs religieuses qui avaient été ses compagnes, soit par l'information juridique qui eut lieu en 1715 au sujet de Marguerite-Marie; mais les bornes dans lesquelles nous sommes forcé de nous renfermer, ne nous permettent pas de mentionner ces faits qui comporteraient d'assez longs détails. Mentionnons pourtant que quelques religieuses du couvent de Paray, lesquelles avaient fait leur noviciat sous la direction de sœur Marguerite, ont affirmé que, plus d'une fois, leur maîtresse

avait pénétré, par une intuition surnaturelle, les plus secrètes pensées de leur cœur, et leur avait présagé ce que
l'avenir leur réservait ; ajoutant que ces prédictions s'é-
taient réalisées, précisément à l'époque et avec les circonstances qu'elle avait indiquées.

Nous avons dit plus haut que la dévotion au Sacré-Cœur
avait été établie à Semur, par les soins de la mère Greffier ; mais déjà auparavant, la mère Saumaise l'avait ins-
tituée dans deux monastères de la Visitation dont elle fut
supérieure après avoir quitté celui de Paray ; d'abord à
Moulins, puis à Dijon. En 1686, elle obtint que les pratiques secrètes auxquelles s'étaient bornés jusque-là les
hommages rendus à ce Cœur divin, fussent remplacés par
un culte public et solennel. Par les soins de cette vénérable supérieure, on imprima à Dijon un petit livre contenant des litanies et un office en l'honneur du Sacré-Cœur,
dont la fête fut fixée au vendredi, lendemain de l'octave
du Saint-Sacrement, jour indiqué par sœur Marguerite,
et conformément aux rites qui lui avaient été prescrits
par le divin maître.

Dans la période d'années qui s'écoula entre 1686 et 1700,
ce culte se propagea, et cette fête fut célébrée dans la
plupart des maisons de l'ordre de la Visitation, à Bordeaux,
à Rennes, à Marseille, à Besançon, à Amiens, etc.

Les missionnaires répandirent la dévotion au Sacré-
Cœur en Asie, en Amérique, et dans toutes les contrées
lointaines où ils allèrent annoncer la parole de Dieu.
Outre l'écrit trouvé dans les papiers du R. P. de la Colombière, et dont nous avons parlé, ce qui contribua beaucoup aussi à exciter la ferveur des populations pour ce
culte d'amour et de reconnaissance, ce furent des indulgences accordées par Innocent XII, en 1693, par ses suc-
cesseurs Clément XI, Innocent XIII, Benoit XII, et plusieurs autres papes. En 1726, on comptait déjà, soit dans
les divers états de l'Europe, soit à la Chine, aux Indes et
autres pays, plus de 300 confréries du Sacré-Cœur.

En 1718, Mgr de Neuville de Villeroy, archevêque de Lyon institua cette fête dans son diocèse. En 1721, lors de la peste qui désola une partie de la Provence Mgr de Belzunce, évêque de Marseille, pour opposer à la colère divine les mérites du Sauveur, et suppléer à l'inefficacité des ressources de la science humaine à combattre le redoutable fléau, ordonna que la fête du Sacré-Cœur fût solennisée dans son diocèse et qu'une procession générale eût lieu ce jour-là, c'est-à-dire le vendredi qui suivait l'octave de la fête du Saint-Sacrement.

Cet exemple fut suivi par d'autres prélats, et notamment par l'évêque d'Autun, qui, par son mandement du 26 janvier 1721, établir cette fête dans ce même diocèse où elle avait pris naissance, où elle avait suscité tant de contradictions et même de longues persécutions à l'humble servante de Jésus-Christ, choisie par lui-même pour initier les âmes pieuses à l'invocation du Cœur Sacré de notre Sauveur.

Les dernières années de la vie de sœur Marguerite, s'écoulèrent dans la souffrance et dans un redoublement d'austérités. A mesure que croissait dans la communauté la ferveur pour la dévotion au Sacré-Cœur, augmentait aussi la vénération pour la pieuse fille, qui s'était vue si longtemps ridiculisée ou méprisée à cause de cette même dévotion.

La mère Melin, réélue supérieure en 1687, appela Marguerite-Marie aux fonctions d'assistante, à l'approbation de toute la communauté. Mais le mauvais état de sa santé, et les infirmités dont elle était atteinte, ne lui permettant pas de tenir ce nouvel emploi en même temps que celui de maîtresse des novices, elle dut résigner celui-ci. En le quittant, elle laissa à celle que, pendant plusieurs années, ses soins avaient guidées dans les voies de la perfection, des avis et des instructions par écrit, contenant entr'autres recommandations pleines de sagesse et de piété, l'exhortation de rester fidèles au culte du Sacré-Cœur de Jésus-Christ.

Depuis trois ans, sœur Marguerite tenait l'emploi d'assistante, et édifiait de plus en plus la maison, en donnant l'exemple de l'obéissance et de l'humilité dans le rang distingué où la plaçaient ses hautes fonctions et la haute estime qui l'environnait, lorsqu'elle fut avertie par la voix céleste que l'on se proposait de l'élire supérieure en remplacement de la mère Melin, dont les six ans étaient expirés.

Effrayée de la pensée d'assumer une responsabilité aussi grande, elle supplia son divin maître d'éloigner d'elle cette croix. Sa prière fut exaucée ; une autre fut élue supérieure.

A quelques mois de là, sœur Marguerite qui, depuis un peu de temps déjà pressentait que le terme de son exil terrestre approchait, et avait annoncé à plusieurs de ses compagnes qu'elle mourrait dans le courant de l'année, tomba dans un tel état de faiblesse et d'épuisement, qu'elle fut enfin obligée de garder le lit.

Personne cependant ne croyait que son état fut désespéré ; les religieuses et le médecin lui-même habitué à la voir languissante, et témoins de ses miraculeuses guérisons, ne présumaient nullement que le moment de sa mort fût arrivé. Mais elle ne s'y trompait pas ; la veille de sa mort, elle demanda et obtint qu'on lui donnât la communion, qu'elle reçut comme viatique et avec des transports de ferveur.

Qui le croirait ? Les approches de cet instant suprême qu'elle avait si ardemment désiré, troublèrent tout-à-coup, la paix de son cœur, et la jetèrent dans une terreur extraordinaire des jugements de Dieu ! La frayeur dont elle fut saisie, était telle, qu'on la voyait trembler de tous ses membres, et étreindre le crucifix contre son sein en fondant en larmes, et en répétant à plusieurs reprises ; *Miséricorde, mon Dieu ! Miséricorde !*

C'était là sans doute une dernière épreuve que le Seigneur lui envoyait, en même temps qu'une leçon qu'il donnait aux témoins de cette mort, pour leur inspirer une crainte salutaire.

Toutefois, les consolations célestes rentrèrent bientôt dans son âme, et y firent renaître le calme.

L'agonie commença quelques heures après ; on lui administra le sacrement de l'Extrême-Onction ; et avant même que la sainte cérémonie fût achevée, elle exhala le dernier soupir, en essayant de prononcer encore les noms de *Jésus* et de *Marie*, qu'elle ne pouvait plus articuler distinctement. C'était le 17 Octobre 1690 ; elle était âgée de 43 ans.

Cette mort, pour ainsi dire imprévue, fut regardée comme une calamité, non seulement au sein de la communauté, mais dans toute la ville de Paray, aussitôt que le bruit s'en fut répandu au-dehors. Tout le monde voulait posséder quelque objet qui lui eut appartenu, pour le conserver comme une relique.

Ses funérailles attirèrent une foule immense, et on remarquait parmi les assistants bon nombre de personnages de distinction, sans parler de quantité d'ecclésiastiques.

Loin d'affaiblir la vénération dont la sainte fille était l'objet dans toute la contrée, il n'a fait que l'augmenter à raison des prodiges par lesquels le Tout-Puissant a voulu honorer la mémoire de son humble et zélée servante. Celle qui n'aspirait qu'à vivre inconnue et désirait être oubliée, a obtenu la plus grande des gloires, puisqu'elle est devenue pour tous les fidèles un objet de pieuse vénération.

N'est-ce pas un contraste frappant que celui de cette existence humble et souffrante de Marguerite-Marie Alacoque, et les honneurs qui entourent son tombeau, cette gloire qui se reflète sur le monastère et sur la ville où cette sainte a vécu ?

Ne voit-on pas dans ce contraste une preuve évidente qu'il entrait dans les desseins de Dieu sur cette âme privilégiée, dans les plans du Sauveur sur le monde des âmes, que les souffrances, les humiliations auxquelles Marguerite-Marie fut si longtemps en butte, fussent la voie qu'il lui fallait traverser pour accomplir une mission sublime; celle de faire connaître et honorer le Cœur Sacré du Sauveur des hommes, et de lui faire rendre un culte juste et solennel, pour le salut et la sanctification d'un grand nombre de chrétiens.

Vingt-cinq ans après la mort de Marguerite-Marie, en 1715, Mgr l'évêque d'Autun fit commencer sur sa vie et ses mœurs une information juridique, dont le résultat fut concluant. Les troubles religieux de la fin du XVIIIe siècle empêchèrent que la cause fut portée au jugement du Saint-Siége apostolique. En septembre 1846, la congrégation des cardinaux, consultée sur les vertus qui ont brillé dans la vénérable mère Marguerite-Marie, décida que ses vertus avaient atteint un degré héroïque.

En conséquence, le Saint-Père a promulgué la sentence affirmative, et inscrit le nom de l'humble religieuse de Paray au catalogue des Bienheureux le 18 septembre 1864.

CANTIQUE

En l'honneur de la Bienheureuse

MARGUERITE-MARIE

Air : *Qu'ils sont aimés, grand Dieu, tes Tabernacles*

Aux habitants de la sainte patrie
Unissons-nous par des concerts pieux,
Pour célébrer MARGUERITE-MARIE.
Et son triomphe à jamais glorieux !

De ses élus Dieu veut que l'existence
S'écoule obscure ou pénible, ici-bas,
Leur réservant au Ciel la récompense,
A leur exil, quand met fin le trépas.

En MARGUERITE, il nous offre un modèle
D'humilité, de chrétiennes vertus ;
Que de ferveur dans cette âme fidèle!
Quel tendre amour pour le COEUR DE JÉSUS!

Nous la voyons pieuse dès l'enfance,
Prier souvent, toujours avec ardeur;
Sans cesse, à Dieu craignant de faire offense,
Pour le péché témoigner son horreur.

C'est vainement qu'à cette âme d'élite
Le monde offrit ses attraits, ses plaisirs ;
Le cloître seul peut plaire à MARGUERITE....
A servir Dieu se bornent ses désirs.

Notre Sauveur, ô prodige admirable!
Par l'humble fille et ses constants efforts,
Veut établir, de son Coeur adorable
Le culte saint, délaissé jusqu'alors.

Par le mépris et par les injustices
En l'éprouvant, croyez-vous l'accabler?
De la souffrance, elle fait ses délices,
Et Jésus-Christ saura la consoler.

Le divin maître, à son humble servante
De son appui prétera le soutien,
Par le secours de la grâce puissante
Que doit sans cesse invoquer tout chrétien.

A Marguerite il veut donner la gloire
De surmonter les obstacles mortels;
Le zèle ardent remporte la victoire,
Au Coeur Sacré l'on dresse des Autels!

Ta mission, ici-bas, est finie;
Il est atteint, le but de tout tes vœux...
Quitte la terre, âme pure et bénie!
Pour t'envoler au séjour des heureux.

Et maintenant, vois ta tombe entourée
De saints respects et de pieux honneurs;
A ta mémoire en tous lieux vénérée
Nous apportons l'hommage de nos cœurs.

Obtiens pour nous, bienheureuse immortelle!
Que, comme toi, pleins d'amour pour Jésus,
Nous méritions la couronne éternelle
Que le Seigneur réserve à ses élus!

ÉPILOGUE

Détail et ordre des cérémonies de la béatification de sainte Marguerite-Marie ALACOQUE, lesquels ont eu lieu à Paray-le-Monial, au mois de juin 1865.

Le jeudi 22 juin 1865 et jours suivants, ont été célébrées les cérémonies solennelles de la béatification de Marguerite-Marie Alacoque, dans la ville de Paray-le-Monial, eu présence de Son Eminence le cardinal-archevêque de Besançon, de Leurs Grandeurs les évêques d'Autun, de Moulins, de Dijon, d'Annecy, de Nîmes, de Saint-Claude, de M. de Serres, vicaire-général de l'archevêché de Lyon, substituant S. E. le cardinal de Bonald ; enfin, d'un nombreux clergé, soit du diocèse d'Autun, soit de plusieurs autres diocèses, même très-éloignés.

Jeudi 22 juin. — Transfert des reliques de la bienheureuse, du couvent de la Visitation à l'église paroissiale.— Neuf prélats et quatre abbés mitrés assistaient à la procession, la mitre en tête, et la croix pastorale à la main. Venaient ensuite les grands vicaires, et les chanoines qui les avaient accompagnés. — Puis, venaient de jeunes filles vêtues de blanc, les unes portant des lys, les autres des marguerites ; à leur suite marchaient quantité de religieuses de divers ordres et congrégations. De jeunes enfants portaient la statue du Sacré-Cœur de Jésus-Christ, ainsi que d'autres figures et emblèmes.

Sur la façade du couvent de la Visitation, des peintures exécutées par les sœurs représentaient les principales apparitions de N. S. Jésus-Christ à Marguerite-Marie.

Au fond du clos du monastère, on voit la première chapelle construite en l'honneur du Sacré-Cœur de Jésus par les soins de la bienheureuse

Ce même jour, 22 juin, à quatre heures du soir, on s'est rendu à l'église de la Visitation. Le clergé et les membres de la famille de la bienheureuse ont seuls pénétré dans l'église.

Après les vêpres, lecture a été faite du Bref de béatification. En suite, la châsse, renfermant les ossements de Marguerite-Marie, recouverte d'une boîte de cire et d'une robe de velours noir, a été introduite dans ce sanctuaire. Durant les trois jours suivants la châsse est restée exposée sur une estrade, élevée derrière le grand autel de l'église, où la foule n'a cessé de se presser. Chacun attendait son tour de vénérer les précieuses reliques.

Vendredi, 23 juin. — Fête du Sacré-Cœur de J.-C. Messe pontificale, dite par Mgr d'Autun. Sermon par Mgr Mermillod, évêque de Genève, lequel s'est attaché surtout à faire ressortir le contraste entre la vie humble et modeste et souffrante de la bienheureuse et la gloire qui environne son tombeau et qui se reflète sur le monastère qui l'a abrité.

Samedi, 24 juin. — Messe pontificale, discours sur la bienheureuse et sur sa dévotion au Sacré-Cœur.

Dimanche, 2 juillet. — Clôture des solennités. Messe pontificale à laquelle a officié Mgr l'archevêque de Besançon.

Le même jour transfert de la châsse, de l'église paroissiale à la chapelle de la Visitation. La procession a fait deux stations, la première sur le champ de foire, la seconde à l'Hôtel-Dieu.

La châsse a été placée au milieu du chœur de l'église de la Visitation, en attendant qu'elle soit placée sur l'autel.

Le soir, illuminations et feu d'artifice.

Cette pieuse cérémonie avait attiré dans la petite ville de Paray-le-Monial plus de 30,000 personnes, qui toutes ont trouvé la plus cordiale hospitalité.

Chalon-sur-Saône, Typographie et Lithographie L. Landa.

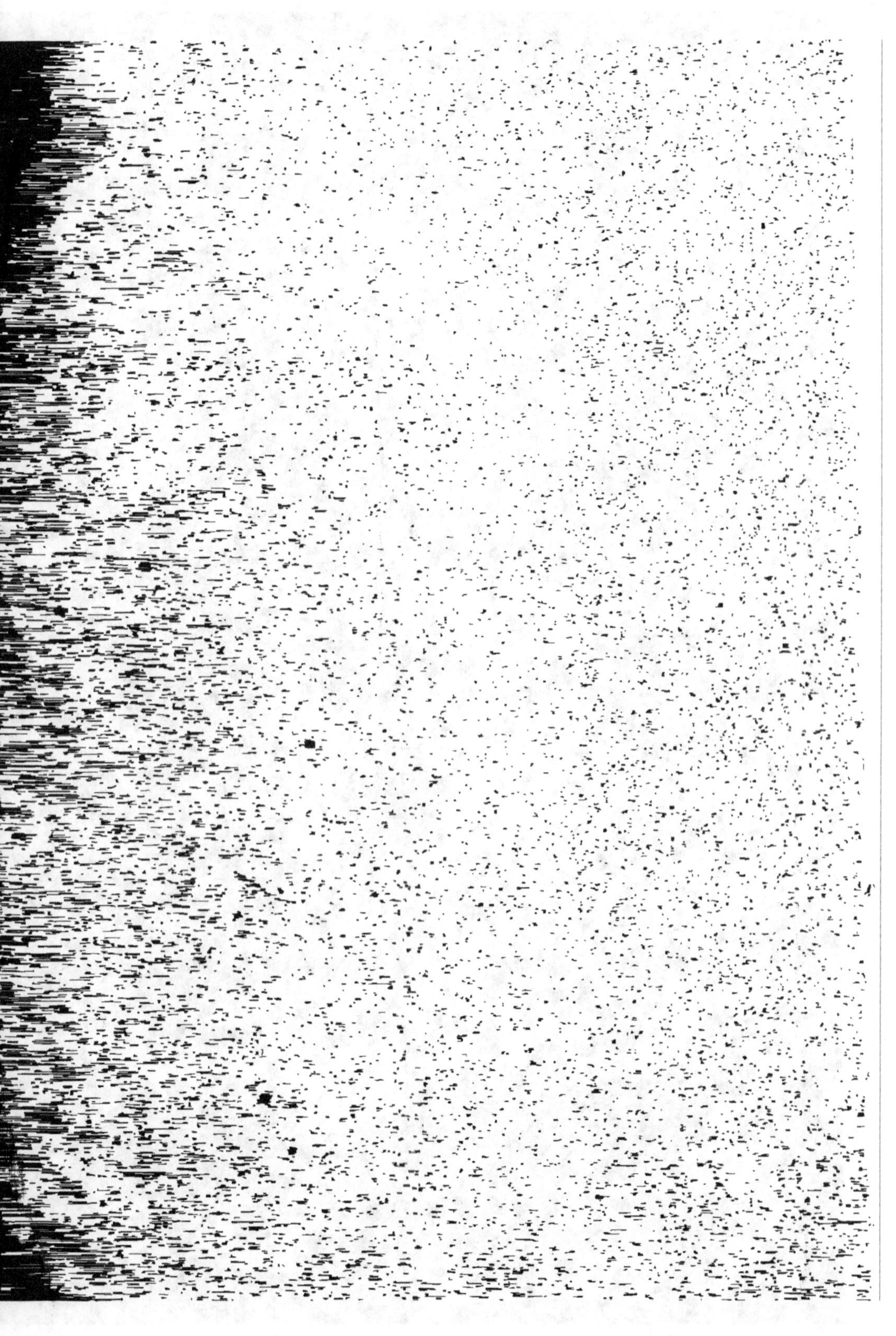

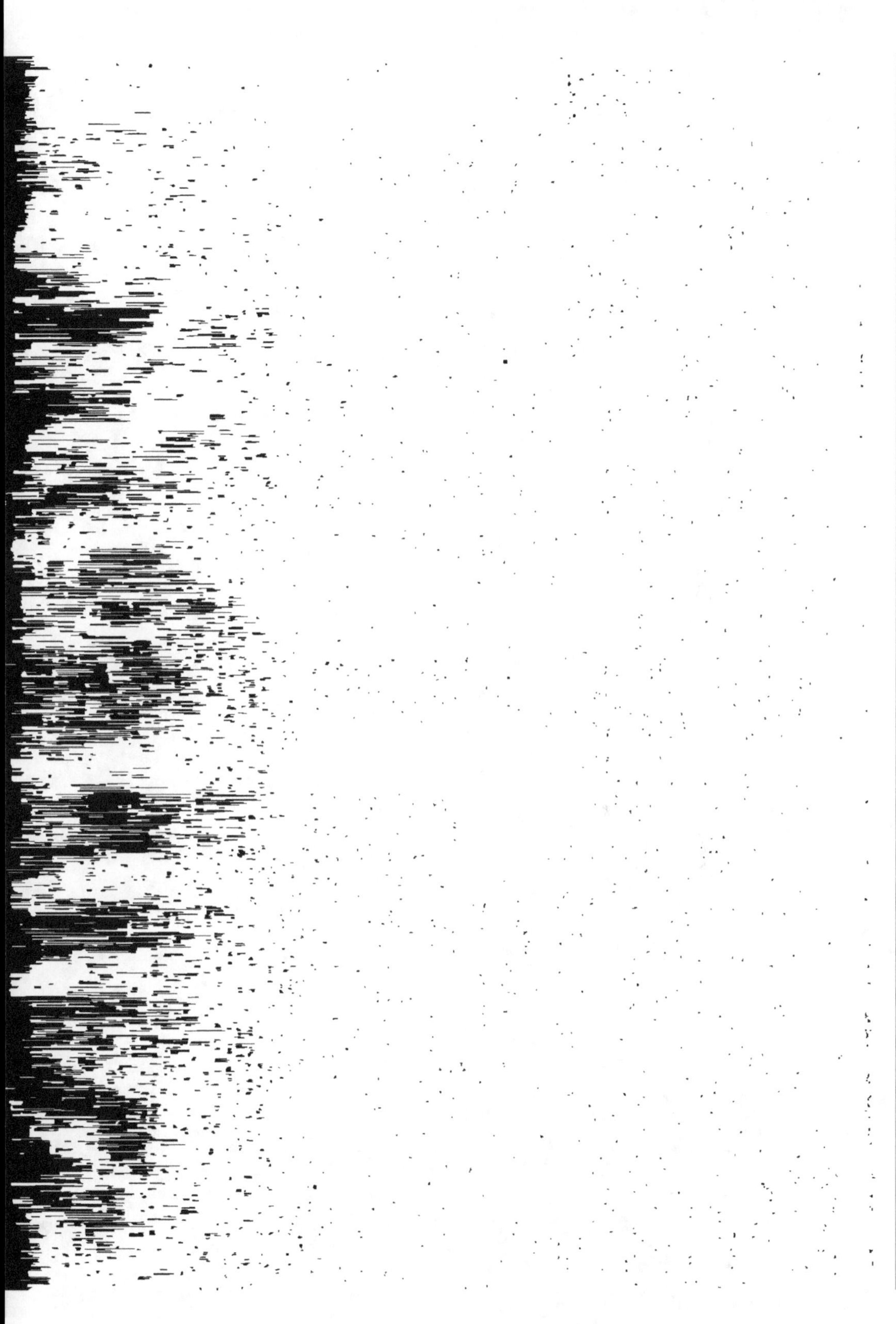

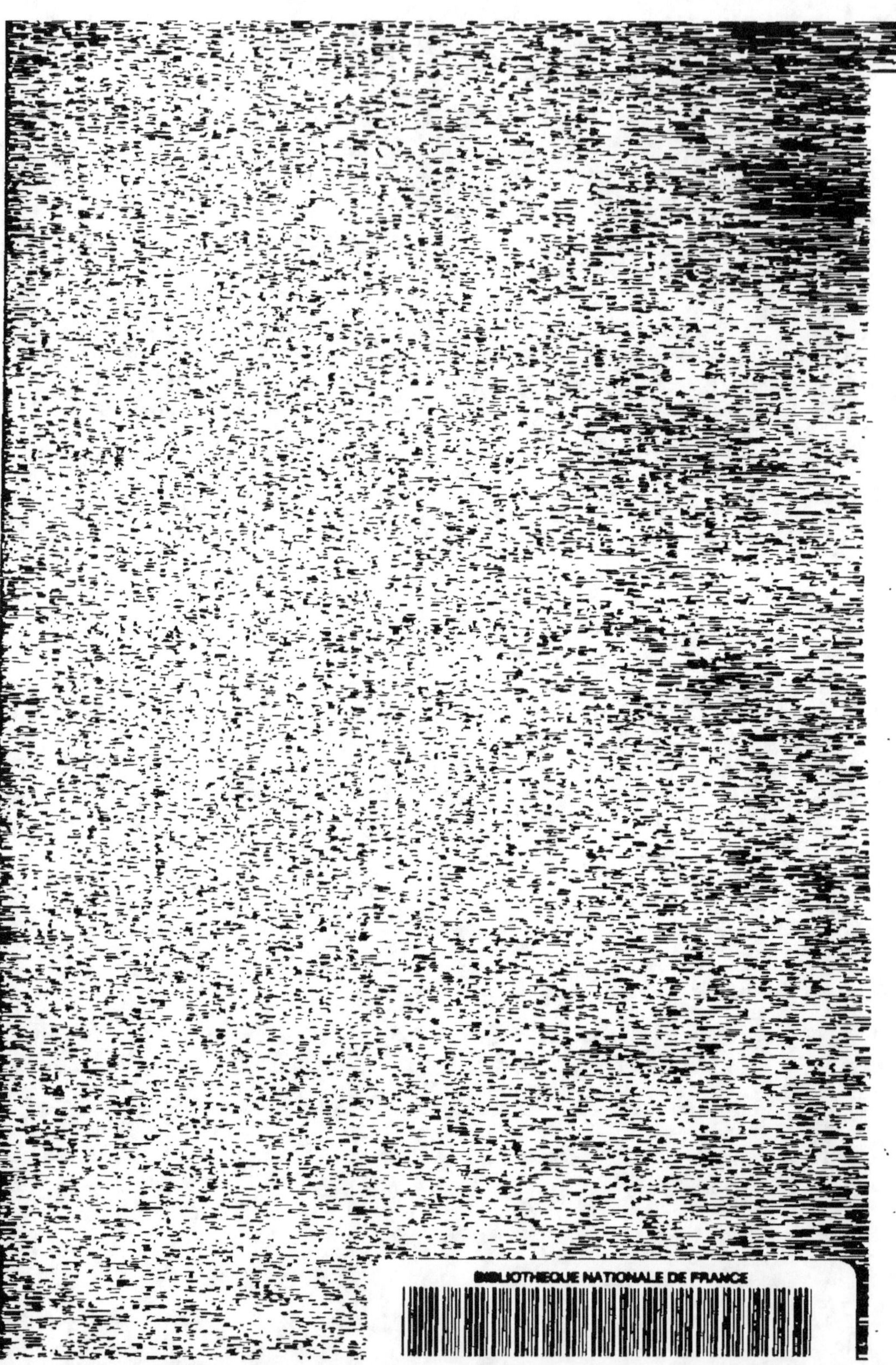